Atelier im Bauernhaus

Worpsweder Tagebuch

Text: Fritz Westphal
Fotos: Horst Wöbbeking

2802 Fischerhude
Asco-Druck, 2800 Bremen
ISBN 3-88 131 145-4

»Wer't mag, de mag't,
un wer't nich mag,
de mag't ja woll nich mögen.«

Balkeninschrift von Bernhard Hoetger
am Café Worpswede

Wenn Nebel die Sonne verschleiern, scheinen Wiesen und Viehweiden grenzenlos zu sein.

Worpswede, Freitag den 14. Mai

Im Grunde ist es unsinnig, jetzt schon etwas aufzuschreiben: erste Eindrücke sind vorläufig und meist ein wenig enttäuschend. Man hat viel erwartet. Vielleicht zu viel. Man hat es sich anders vorgestellt, anders auch in Erinnerung: den Berg zum Beispiel. Spaziergänger fragten, wo es zum Weyerberg hinaufginge, und man antwortete, sie seien gewissermaßen schon oben drauf. Wenn Sie wollen: diese kleine Kuppe fehlt noch, das Hügelchen. Ich stieg ebenfalls den Grashuckel hinauf, mit dem Wasserwerk am Hang, versteckt hinter Heckenrosen, und der Bank zum Dasitzen und in die Gegend schauen davor, festgemauert in der Erden. Und dort saß ich dann in der Abendsonne, der milden, guten; ein alter Mann, ach ja, eine Hand beschattet die Augen, fehlt nur der Handstock zwischen den Knien.

Feldwege überziehen kreuz und quer den Weyerberg. Solange der Mais noch niedrig steht, gibt es zwischen Baumlücken hindurch immer wieder Ausblicke in die Niederung bis an die Ränder der Tarmstedter und Osterholzer Geest.

Breit ausgefahrener Sandweg zwischen Roggen-, Mais- und Kartoffelfeldern. Ein Birkengehölz zieht sich den Hang hinunter. Linkerhand hohe Kiefern, schräg geneigt und mit zerzausten Schöpfen. Und zwischen beiden, den Kiefern, den Birken, Blick auf die tiefe Ebene, grüngrau verschwimmend; und blauviolett vor den blassen Horizont gesetzt, in Einzelheiten gar nicht auszumachen, die Silhouette der Stadt Bremen.

Das also, sagte ich zu mir, damit ich's auch wieder glaube, ist nun der Weyerberg, runde fünfzig Meter über Normal Null, und das ist ja nicht eben viel. Aber das Land ringsum, die Moorwiesen, die Viehweiden und die Äcker, liegt tief; Tiefebene bis an die Geestränder im Osten und Westen; das ist wichtig, auf die Relationen kommt es an. Früher, als dieser Berg noch mit Heide und kleinen Kiefern bewachsen war, muß das noch viel deutlicher gewesen sein als jetzt, da die Bäume rund um den alten Kahlkopf herum den Blick festhalten, die Weite verdecken.

Bernhard Hoetgers „Niedersachsenstein", in der Grobform ein Vogel mit ausgebreiteten Schwingen, wurde zunächst als „Siegesmal" im 1. Weltkrieg geplant, danach als Ehrenmal für die Gefallenen errichtet. Es wurde 1982 vor dem Verfall bewahrt.

Ein Sandberg, eine Düne vielleicht. Ein stehengebliebener Horst, dem die Schmelzwasser der Eiszeit nichts anhaben konnten. Aber Bulldozzern und Baggern jeglicher Größe war der Sandberg natürlich nicht gewachsen; — ein Leichtes, in den Nachkriegsjahren ein riesengroßes Loch heineinzugraben, fast bis an die Kuppe heran. Ein gutes Geschäft für die Bauern, denen die Äcker am Berghang gehörten, ein noch besseres wohl für die Bauunternehmer, die mit Backsteinen aus dem Weyerbergsand im zerstörten Bremen und andernorts neue Häuser bauten. Nichts hätte sie gehindert, noch ein weiteres Stück vom Berg einzusacken, wäre nicht Widerstand von dritter Seite gekommen. Jenen mutigen Menschen ging es darum, diesen alten Weyerberg zu erhalten. Naturfreunde, Menschenfreunde, ja, die gab es damals schon. Und sie erreichten das, indem sie ihrerseits verbliebene Äcker aufkauften, mit gespendetem Geld für die gute Sache. — Was, bitte, wäre Worpswede heute ohne seinen Weyerberg? Zumal sie ja eigentlich „Weyerberger" heißen, die Worpsweder, auf Platt „Wey'rbarger" — im Unterschied zu den „Weyermoorern" und den „Weyerdeelern" drunten in den Hammewiesen.

„Ski und Rodel gut", heißt es am Weyerberg, wenn ausreichendem Schneefall Frostwetter folgt.

Die Abendsonne war schon hinter das Birkenwäldchen gesunken, tiefrot, eine mächtige kreisrunde Scheibe, als ich den Feldweg auf den Niedersachsenstein zu weiterging. Ja und dann also hatte ich das besondere Erlebnis an diesem Abend; schwer, es zu beschreiben: Am gegenüberliegenden Saum des Birkengehölzes öffnet sich plötzlich die Landschaft, überraschend in Weite und Tiefe. Frei gleitet der Blick den beackerten Hang hinunter. Hecken und Weidezäune zerteilen grün und braun und schwarz gestückeltes Tuch. Unter locker in die Fläche gesetzten Baumgruppen einzelne rotbedachte Häuser; freistehende Eichen und Buchen mitten im Feld und im Wiesengrün. Jede Einzelheit hebt sich deutlich heraus und erscheint doch winzig klein, denn wie aus Kirchturmhöhe sieht man vom Waldrand oben über das alles hinweg und weiter, viel weiter: das Eigentliche, die ungeheure Weite der Hammewiesen, beginnt ja erst jenseits der Straße nach Osterholz, auf der Spielzeugautos in den Feierabend hasten, lautlos. Weiß blinkt eine Flußschleife aus der Ebene herauf, die sich nun, da die Sonne über den blauen Rücken der Geest am Horizont tiefer und tiefer sinkt, in zunehmend dichtere Schleier hüllt: aus den Feuchtwiesen steigt Nebel. Gelbrot färbt sich der Himmel, anfangs in schmalem Streifen dicht über dem Land, dann wächst es glühend in Breite und Höhe, ein gewaltiges Feuer, das schließlich bis hoch ins Firmament hinauf strahlt.–

Das Zusammenfließen von See- und Landluft über der Worpsweder Landschaft soll die Entstehung besonders ausdruckvoller Wolkenbilder und Himmelsfärbungen verursachen.

Wäre ich ein Dichter, ließe ich jetzt ein Fräulein den Saumpfad herunterkommen und sich auf eines dieser Bänkchen setzen, die hier unter den jungen Birken aufgestellt sind. Strickjacke über blauweißem Sommerkleid, ein bißchen leichtfertig vielleicht in der Abendkühle, wer weiß; die Hände um die übergeschlagenen Beine gefaltet, keckes Näschen, eine Haarsträhne hängt ins Gesicht... Nicht auszuschließen, daß wir zwei, wenn ich das mal so sagen darf, über die ersten freundlich-mühsamen Bemerkungen hinweg ein munteres Gespräch anfangen. Sie hat so ein hell klingendes Lachen, was mich meinerseits sogar zu ein wenig gewagten Äußerungen ermutigt; sie wird es verzeihen. Gemeinsam stehen wir vom Bänkchen auf, gehen wir den recht schmalen Saumpfad nebeneinander ins Dorf hinunter. Und vor ihrem Hotel, natürlich ist sie gleichfalls Urlaubsgast in Worpswede, kommt selbstredend die Verabredung für den morgigen Tag. Treffpunkt? Schwierig, wenn irgend möglich: nicht in lauter Öffentlichkeit; so ganz allein ist sie ja wiederum nicht. — Vielleicht an diesem ganz besonderen Baum da in der Weyerbergfeldmark, der Kugeleiche — ?

Damit dieses Wintervergnügen auf den überschwemmten Hammewiesen möglich wird, müssen auf langanhaltenden Regen etliche windstille Frosttage und -nächte folgen.

Die Sonne war in den Nebelschichten versunken, das Feuer verlosch. Kühl wehte es von den Wiesen her den Berg hinauf. Mir wurde kalt. Aber der Gedanke ans Abendessen wärmte ein wenig auf, war tröstlich und verlockend zugleich; der Gastwirt hatte mir Knipp versprochen, hausgemachten Knipp mit Bratkartoffeln und Apfelmus nach Worpsweder Rezept.

Auf Sandschüttungen wurden diese prächtigen niedersächsischen Bauernhäuser im Moor errichtet, damit sie nicht einsackten und „hochgedreht" werden mußten.

Im Dorf flammten die ersten Lichter auf. Über den Friedhof, Grabmal der Paula Modersohn-Becker, kann ich auch morgen noch gehen, lohnte ohnehin nicht in der halben Dunkelheit. Vielleicht sollte ich den Vormittag überhaupt dazu benutzen, mich ein wenig im Dorf umzutun, dies und jenes zu begucken, nichts Besonderes, wie es grad kommt. Das ältere Ehepaar in meiner Herberge macht alles nach Plan. „Wege ins Moor", „Kleiner Worpswede-Führer" – jeder nach seinem Schaköng.

Die Worpsweder Windmühle am Abend. Am auslaufenden Geestrücken in der Hammeniederung gelegen, ist sie immer ein beliebtes Motiv für Maler gewesen.

Eine Holzharke fürs Wiesenheu als Kleiderständer auf vertäfelter Wand. In die Täfelung eingelassen Bilder von Udo Peters: Moor und Torf, die Mühle am Weg zur Hamme hinunter. Und auf jedem Bild die Frau mit kurzärmeligem blauen Kleid, Udos „blauer Punkt". Behaglichkeit in bequemen Sesseln, wohltuende Müdigkeit von der frischen Luft. –

Dieses Grabmal der jung verstorbenen Malerin Paula Becker-Modersohn auf dem Worpsweder Friedhof schuf der Bildhauer Bernhard Hoetger.

Worpswede heute: die alte Dame im Silberhaar, Lesebrille an feiner Goldkette, möchte wissen. wie ich das sehe. Sie kommt seit zwanzig Jahren ins Dorf, jedesmal im Mai. Die Birken in ihrem jungen Grün, das starke Licht... Alles hier bekommt sein wahres Leben erst durch das Licht. Ist es nicht so? Ich nicke freundlich. Nein, auch die neue Ausstellung in der alten Molkerei, Vernissage am Nachmittag, hab ich noch nicht gesehen. Heute erst angekommen. Und überhaupt seit langem zum ersten Mal wieder am Weyerberg; genauer: seit dreißig Jahren. — So lange nicht in Worpswede? Erstauntes Aufblicken, fasssungslos: Da haben Sie inzwischen aber sehr viel Schönes versäumt. Gut, das mag sein. Und ich verspreche, einiges nachzuholen.

Wo in ländlichen Kleinbetrieben weder der „Selbstbinder" noch der „Mähdrescher", sondern die einfache Mähmaschine aus den zwanziger und dreißiger Jahren eingesetzt wird, sind dann auch noch die aus sechs oder mehr handgebundenen Garben aufgestellten „Hocken" zu sehen.

Bilder Worpsweder Maler auch auf den Fluren, an den Wänden zwischen Gasträumen und Gästezimmern: Schiestl-Arding, Selbstbildnis vor der Staffelei — verkleckste Palette, dicke Borstenpinsel; Tetjus Tügels madonnenhaft zarte Frauengestalt, Benny Huys und wieder Udo Peters: Torfhaufen vor dem Abendhimmel, Birken am Schiffgraben. Aber auch Bilder moderner Worpsweder Maler, Fritz Meckseper, Pit Morell...

Worpswede wird auch als „Vorort Bremens" bezeichnet. Das wird besonders an schönen Sonntagen deutlich. Dann sind die Parkflächen überfüllt, Hunderte von Bremer Ausflüglern wandern durch den Ort und die Worpsweder Landschaft.

Mein Zimmer, klein und winklig, an den Dachseiten abgeschrägte Wände, ein alter handgefertigter Schrank, Bett und Tisch und Worpsweder Binsenstuhl, neuzeitliche Waschgelegenheit. Zwei Fenster mit Blick auf den Wiesengrund hinter dem Haus... Und alles ist mir sehr vertraut: schon damals, vor dreißig Jahren, hab ich in diesem Zimmer geschlafen. Und weiß jetzt schon, daß ich nochmals wiederkomme, bald.

Ein Fensterflügel, alte Beschläge zum Einhaken, steht offen. Der Nachtwind bläht den leichten Vorhang, den ich beiseiteziehe. Durch den Nebel auf den Wiesen, der das Mondlicht zerstreut, schimmert aus tiefem Hausschatten heraus ein einziges gelbleuchtendes Fenster — ein spätes Bild Otto Modersohns, in Fischerhude gemalt. Der Himmel ist klar; die Sterne funkeln stark, wir werden Nachtfrost bekommen.

Es ist nicht nur ein recht „breites", sondern auch ein seichtes Wasser. Dieser zum kleinen See ausgeweitete Nebenarm der Beeke ist ein Paradies für Wasservögel vieler Art.

Hinter dem riesigen Hortensienbusch ein Altenteilerhaus in Adolphsdorf, wie es auch im Moor häufig gebaut wurde, wenn der Jungbauer den Hof von seinen Eltern übernahm.

Worpswede, Sonnabend, 15. Mai

All Morgen ist ganz frisch und neu... In den Vorgärten blühen Narzissen — auf meinem Spaziergang zum Schluh und dann weiter durch die Dohnhorst bin ich an einer Narzissenwiese vorbeigekommen, Hunderte von leuchtend gelben Farbklecksen im maifrischen Gras, — erste Tulpen im wärmenden Schutz der Hauswände, Seidelbast, Primelkluster in blau und rot und gelb; die unvermeidlichen lieben Stiefmütterchen säumen fein säuberlich angelegte Rabatten. Nur im Schatten der Hecken hält sich, silbrig glänzend, für eine Weile noch die Kälte der Nacht. Die Morgensonne strahlt vom weißblauen Himmel — im Radio hatte man Regen angesagt — und die Birken auf dem Parkplatz am Berg, auf der Markusheide hinter Hoetgers Café und vor der Großen Kunstschau nebenan spielen Frühling. Ich geh, einen Mai zu hauen...

Hoch ragt der weiße Turm mit seiner blaugrauen Haube über den Weyerberg hinaus. Die Worpsweder Zionskirche wurde 1759 unter der Bauleitung des späteren Moorkommissars Jürgen Christian Findorff fertiggestellt.

Worpswede, Weltdorf, Künstlerdorf... Wie bitte, fragt man zum Autofenster hinaus, kommen wir am schnellsten zur Künstlerkolonie? — Zu Fuß, würde ich meinen. Was kann man darauf antworten? Eine ‚Künstlerkolonie Worpswede' gibt es nicht; — hat es sie jemals gegeben? Sind Ausstellungen gemeint? — Die nächsten sind hier vom Parkplatz aus jeweils ein-zwei Minuten entfernt. ‚Kunstzentrum' nennt sich das. — Die Atelierhäuser an den Pferdeweiden, insgesamt drei an der Zahl? Die Künstlerwohnungen im Barkenhoff? Der große Parkplatz, weitläufig, geräumig, aber durch geschickt plazierte Gebüsch- und Baumgruppen mittendrin und rundherum auch ganz unauffällig, zweifellos von einem Künstler angelegt, ist heutzutage wohl als Mittelpunkt des Dorfes zu betrachten. Hier laufen Straßen aus allen Himmelsrichtungen von weit her zusammen. Hier beginnt und endet für Anreisende die Wanderung durch den Ort, über den Berg und vielleicht ein Stückchen drüber hinweg, in die Moordörfer dahinter, zur Hamme hinunter und dann weiter in die Wiesen hinein, so weit grad die pflastermüden Füße tragen. Und das wiederum ist individuell zu sehen: mancher schafft's eben nur die paar Schritte vom Parkplatz zum Café hinauf und ist dann auf seine Art auch in Worpswede gewesen. Honny soit qui mal y pense.

Spitzgieblige und leicht geschwungene Dächer, ornamenthaft strukturierte Wandflächen, wuchtiges Balkenwerk und „höhlenartige" Innenräume — Bernhard Hoetgers „Café Worpswede", erbaut 1925/26.

Nichts gegen die Zugereisten — wie geht es an, daß man selbst nach erst einem halben Tag und einer Nacht sich hier gar nicht mehr als solcher fühlt? Ich persönlich halte mich ja mehr für einen ‚Heimkehrer' — das Dorf heißt alle Gäste willkommen, die Galerien und Ausstellungen, das Kunstgewerbe, die Gaststätten und Pensionen insbesondere. Aber wie sie nun zur Lindenallee hinauf-, zur Bergstraße hinunterpilgern, die Neuankömmlinge an diesem Sonnabendvormittag, sich unter die Eingeborenen mischen — na ja, so ganz gelingt es ihnen wohl noch nicht; man sortiert sie leicht wieder heraus: die Umhängetasche, Leder hell oder schwarz-blank, der baumelnde Fotoapparat — vor allem erkennt man sie am leicht schlurfenden, hinschlendernden Schritt. Einheimische gehen anders, bestimmter, zielbewußter, schnell und sicher zutretend, zwischendurch rasch ein Blick auf die Uhr: mein Gott, schon halb zwölf, die Kinder kommen aus der Schule und beim Schlachter ist es sicher brechend voll....

Das Fachwerkhaus, umgeben von Rasenflächen und tiefgestaffelten Gebüschgruppen; breite Wege, überschattet von den mächtigen Kronen alter Bäume, geben diesem Worpsweder Bauerngarten ein fast parkähnliches Gepräge.

Einheimische benutzen mit Vorliebe die Heckenwege, abkürzende Verbindung zwischen Hembergstraße unten und Bergstraße oben. Ortsfremde tun sich da schwer: zur Post wollten sie und sind bei der Kreissparkassse gelandet. Und stehen nach knapp zwei Minuten geraden Wegs baß erstaunt doch schon vor dem Postgebäude. Andernorts mag es weitläufiger sein — in Worpswede liegt alles, was des Leibes und des Geistes Notdurft anbelangt, schön nah beieinander: der Supermarkt und das ganz kleine Lädchen, der Schlachter, die Buchhandlung und der Bäcker — bei dem auch Zugereiste mit Vorliebe Worpsweder Butterkuchen kaufen.

Wer zum Mittagessen ein Gasthaus sucht, kann leicht bei drei-vier infrage kommenden just im Vorbeigehen die draußen ausgehängten Speisekarten studieren. Und plötzlich schießt's ihm durch den Kopf, daß er ja eigentlich was besonders Teufelsmoorisches essen wollte, wandert also noch die schmale Straße an der Jugendherberge vorbei zur Hamme hinunter und läßt sich dort Buchweizenpfannkuchen in kleiner Bratpfanne servieren. Gemütlich, blitzsauber hier wie dort; Mäuse, sollte es sie überhaupt noch geben, ziehen sich mit verheulten Augen in ihre Löcher zurück.

Diese Worpsweder Mühle ist eines der Wahrzeichen Worpswedes. Heftige Stürme haben ihr manchen Schaden zugefügt, der vor allem durch den tatkräftigen Einsatz der „Freunde Worpswedes" behoben werden konnte.

Worpswede heute: Ich las — der Wirt hatte mir ein paar Bücher auf den Tisch gelegt, Lesestoff für lange Abende — es gäbe wohl unzählig viele Dörfer, aber nur ein einziges Weltdorf — Worpswede. Was es damit auf sich hat, habe ich nicht herausgefunden. In aller Welt in aller Munde — ? Hört sich nicht schlecht an. Indessen ist durchaus nicht allen Worpswedern, so mein Gastwirt, an sehr viel Welt, gar so viel Weltöffentlichkeit gelegen. Mancher wünscht, alles hier wäre in wenig schlichter, einfacher, an Wochenenden ruhiger, insgesamt kleiner geblieben. Oase der Stille und Beschaulichkeit? Nun ja. Bezeichnenderweise, so die Auskunft, seien es vornehmlich Neubürger, erst kürzlich Zugezogene, die sich über Unruhe, Störung durch Übervölkerung beklagten — sich selbst und das eigene Neuerbaute selbstredend ausgenommen.

Der ursprüngliche Platz dieser formschönen Plastik war die Freitreppe vom Barkenhoff. Jetzt ziert sie den Bauerngarten an Martha Vogelers „Haus im Schluh".

Autofahrer, insbesondere Lieferanten mit ihren mächtigen Vehikeln, verfluchen die engen Durchgangsstraßen, Baumenschen raufen sich die Haare — aber die dicken Linden am Straßenrand, die Eichen und Birken bleiben. Worpswede ist ein beispielhaft grünes Dorf und will es auch weiterhin sein. Ohne ausdrückliche Baumschutzverordnung. Wie sollte die auch lauten? Bäume über dreißig Zentimeter Umfang dürfen nicht gefällt werden? Und wenn die Birke am Gartenzaun, schon ein mächtig hoher Baum, grad achtundzwanzig Zentimeter mißt — holt man dann flugs die Säge aus dem Schuppen, bevor es dummerweise zu spät dafür ist?

Gewiß ist auch dieser Ort im Verlauf der letzten dreißig Jahre erheblich größer geworden, ins Umfeld hinausgewachsen. Neue Stichstraßen zweigen von alten Hauptstraßen ab, auch im Ortskern rückte man ein wenig zusammen; hier und dort hat ein sehr altes Haus ein neues Aussehen bekommen, ein weiteres baufälliges mußte bis aufs Fundament abgetragen werden — seinen Charakter, seine besondere, dabei gar nicht klar zu definierende Atmosphäre hat Worpswede unbeschadet von den Zeitläuften bewahrt, soweit ein ‚Heimkehrer' das auf den ersten Blick überhaupt

Zwei niedersächsische Strohdachhäuser ließ Martha Vogeler im Worpsweder Ortsteil „Im Schluh" wiederrichten. Hier der Fleet, an den Wänden Bilder Heinrich Vogelers.

beurteilen kann; er sucht bevorzugt ihm Altvertrautes und übersieht gewiß manches, was anderen ein Dorn im Auge sein mag. Was aber Störung, Unruhe betrifft — Alteingesessene, da bin ich sicher, nehmen das mit Gelassenheit hin, lächelnd; hinter dem Haus an der laut gewordenen Straße ist der Garten, in den man sich gern zurückziehen mag. Schließlich ist Worpswede ja auch einiges gewohnt: Als um die Jahrhundertwende das Malervölkchen ins Dorf einbrach und blieb, auf seine muntere Art einigen Wirbel machte und auch weiterhin für künstlerische Unruhe sorgte, nahm man das anfangs wohl mit einiger Verwunderung zur Kenntnis, störte sich aber weiter nicht daran. — Ist ja ganz schön, das Malen. Macht Spaß und geht die Zeit mit hin. — Wer allerdings gar zu dummdreist seine Staffelei auf eine Diele pflanzte, unbekümmert um Brauch und Sitte hierzulande, der konnte es erleben, daß ihm, gleichfalls unangemeldet, plötzlich Rauchschwaden vom offenen Herdfeuer her in Nase, Mund und Augen zogen. Und damit hatte es sich dann. — Hat Vogeler erzählt.

Ein begehrtes Ziel für Einzelwanderer und Schulklassen: die Worpsweder Jugendherberge

Nur eine einzige Worpsweder Straße, irgendwann demnächst wird sie auch altes Steinpflaster zurückbekommen, hat ihr Ansehen von ganz früher her nahezu unverändert behalten, und man ist bemüht, daß es so bleibt: die Bauernreihe. „Keimzelle" des späteren Worpswede. Ein Steinmäuerchen wurde neu gesetzt; sogar der sorgsam nachgebaute Glockenstuhl steht heute wieder am alten Platz, aufgestellt unter reger Anteilnahme von Einwohnern und Gästen; feierliches Probegeläut. Inzwischen sind weltliche und kirchliche Obrigkeit auch wohl überein gekommen, wann künftig diese Glocke, wann eine jener anderen unter der blauen Haube auf Findorffs Zionskirche die Stimme erheben darf. Die im Glockenstuhl hat natürlich nicht grad ein Armesünderglöcklein werden mögen, das versteht sich; war es in sehr alter Zeit doch immer ihre Sache, als „Beetglocke" zu läuten, bevor es die Kirche gab, dazu Feuersbrunst und Sturmesnot auszurufen — alte, sehr alte Rechte. Indessen hat ja eine Kirchenglocke auf dem Lande, ist sie erst einmal vorhanden, auch Gewichtiges mitzureden.

Der alte Worpsweder Glockenstuhl, nachgebaut 1982 und wiederaufgestellt in der „Bauernreihe", in alter Zeit „Beetglocke" und Feuermelder, wird heute an jedem 1. Sonntag im Monat, zum Ernte- und Erntedankfest und zu Beginn des Neuen Jahres geläutet.

Genau besehen hat Jürgen Christian Findorff diese Kirche nicht ins Dorf hineingebaut, sondern ein deutliches Stück drüber hinaus, als höchstes Haus am Weyerberg, mit einer schrägen Zufahrt hinauf und einem Friedhof rund herum, der zur Bergseite hin ständig vergrößert werden muß. Das geschah sicher nicht von ungefähr. Natürlich entspricht es der Würde eines Gotteshauses, wenn es sich ein wenig abseits vom gemeinen Alltäglichen hält. Das ist leicht einzusehen, dürfte hier aber nicht entscheidend gewesen sein. Der Kirchturm mit seiner charaktervollen Haube — kein Worpsweder Maler hat versäumt, ihn zu malen — ragt hoch über die Kuppe des Weyerberges hinaus und ist demzufolge weit herum im Lande zu sehen. Auch von den Menschen, die sich seit Mitte des 18. Jahrhunderts in den damals noch wilden Mooren unterhalb des Berges plagten. Genau das war nämlich gemeint: auch für die Moorleute in ihren neu gegründeten Dörfern war diese heute mehr als zweihundertdreißig Jahre alte Kirche bestimmt. Im Altarraum hängt das große Modell von einem Torfkahn.

Obelisk auf einem Teilhang des Weyerberges, zum Gedenken an Jürgen Christian Findorff, „Vater der Moorbauern", errichtet.

Ob allerdings der Klang der Kirchenglocke, bisweilen aus tief über den Berg ziehenden Wolken heraus, drunten im Moor noch zu hören war, stark genug, des Sonntags die Torfgräber und ihre Familien aus bleischwerem Schlaf zu wecken und an den Kirchgang zu mahnen — für manche mag es ein recht weiter Fußmarsch gewesen sein — muß wohl bezweifelt werden. Deutlich wird aber, daß Worpswede am Weyerberg Mittelpunkt für eine Reihe kleiner Dörfer im Lande ringsum war, für viele Familien außerhalb in vieler Hinsicht auch bis auf den heutigen Tag geblieben ist: morgens fahren Schulbusse durch die Dörfer, sammeln die Kinder ein, um sie vor der Worpsweder Mittelpunktschule abzuliefern und mittags von dort wieder abzuholen. Die geruhsameren Zeiten der dörflichen „Ein und Zweiklassigen" sind, ene mene Tintenfaß, ein für allemal vorbei. — Und mancheiner bedauert das sehr.

Ein Stück Bruchlandschaft im Giehler Moor bei Vollersode.

Frühzeitig siedelten sich Handwerker und Kaufleute am Weyerberg an; Arzt und Apotheker wurden ansässig und auch für die Moordörfer zu erreichen. Nur wer des eigenen Rechts oder Unrechts wegen das Gericht aufsuchen mußte, der war auf die Postkutsche nach Lilienthal angewiesen, eine im 19. Jahrhundert noch zeitraubende und holprige Fahrt auf tief ausgefurchten Sand- und Moorwegen. Gepflasterte Straßen wurden im Teufelsmoor erst spät gebaut. Und noch später kam die Eisenbahn: „Jan Reiners" von Bremen nach Tarmstedt, der „Moorexpress" von Osterholz-Scharmbeck über Worpswede nach Bremervörde.

Kurze Sonnenblicke zwischen heftigen Regenschauern, starker Wind und mächtige Wolkenzüge, aufgeweichte Felder und große Pfützen — Aprilwetter im Teufelsmoor.

Daß der „Moorexpress" den täglichen Personenverkehr einstellte — grad war man dabei, den von Heinrich Vogeler ausgestalteten Bahnhof am Dorfrand nach den Entwürfen des Künstlers wieder herzurichten — betrübte nicht nur die Worpsweder, sondern auch alle Dörfer an der Bahnstrecke bis zur hohen Geest hinauf. Ach, diese schöne Fahrt durch die Hammewiesen! Mißvergnügt klettert man in schaukelnde Busse, tröstet sich, daß die BOB demnächst wieder mal zwei Triebwagen für eine Sonderfahrt von Worpswede nach Basdahl und Bremervörde einsetzen wird. Und sollte es ein ganz besonders netter Fahrer sein, dann läßt er das Züglein bei der Rückfahrt auch noch über den Worpsweder Bahnhof hinaus bis auf die stählerne Hammebrücke rollen, des schönen Ausblicks wegen auf die von Hamme und Beeke mit ihrem breiten Wasser durchzogene Niederung, auf das Dorf und den Berg im rötlichen Abendlicht — der Niedersachsenstein in einer Waldlücke, der weiße Kirchturm über den Bäumen, rote und schwarze Dächer in vielfach gestuftem Grün, die Windmühle in der Ebene, gut fügt sich das alles zusammen — bläulich verdämmernd die Wälder auf der Osterholzer Geest; ach ja, kein schöner Land...

Den „Freunden Worpswedes" ist es zu verdanken, daß der Worpsweder Bahnhof, das Äußere und vor allem die gastlichen Innenräume, wieder so hergerichtet wurde, wie der Maler, Graphiker und Architekt Heinrich Vogeler ihn gestaltet hatte.

Für den Nachmittag hatte ich mir einen weiten Weg vorgenommen: durch die Hammewiesen zum Dorf Teufelsmoor, den ursprünglich dreizehn mächtigen Höfen auf ihren Warften, Sandschüttungen am Rande der saftigen Wiesen und Weiden. Aber die Landschaft verschleierte sich. Milchige Sonne, bleigrauer Glanz auf dem Wasser, stumpfes Wiesengrün, Kopfweiden in der Ferne wie wässrig hingetupfte dunkle Flecke.
Kaum war ich ein paar hundert Meter dem ausgefahrenen Sandweg gefolgt, fing es an zu regnen. Mairegen, mach daß ich größer werd...

Eine Zugbrücke, wie sie aus Holland importiert sein könnte. Da die Hamme zum Schiffahrtsweg ausgebaut wurde, wären feste, niedrige Brücken ein Hindernis gewesen.

Am Anleger vom Gasthaus in „Neu Helgoland", der ehemaligen Schifferkneipe, schaukelt ein alter Torfkahn, einer der wenigen für Besichtigungszwecke noch erhaltenen, sorgsam gepflegten flachgebauten Halbhunt-Schiffe aus Eichenbohlen. Bei gutem Wetter wird im Sommer auch das geteerte Luggersegel aufgezogen.
Mehr als sechshundert dieser schwarzen Kähne wurden allein in der kleinen Torfschiffwerft in Schlußdorf gebaut, mit einfachsten Werkzeugen in mühevoller Handarbeit aus dem Eichenstamm heraus.
Hochbordig, damit fünfzig große Weidenkörbe voll Torfsoden geladen wurden, und mit so geringem Tiefgang, daß die zum Teil sehr schmalen Schiffgräben im Moor auch noch bei niedrigem Wasserstand zwischen den Schütten und Klappstauen befahren werden konnten. – Im Gasthaus beim hiesigen ‚Mühlenkorn' studierte ich eine Karte der Wasserläufe im Teufelsmoor und rechnete mir aus, daß es mehr als zweihundert Kilometer solcher Schiffgräben waren, die neben den zahllosen „Scheden" und „Grüppen" für die Entwässerung in Gemeinschaftsarbeit mit Spaten und Schaufel ausgehoben werden mußten.

In dieser kleinen Schlußdorfer Werkstatt sind mehr als 600 der fast zehn Meter langen schwarzgeteerten Torfschiffe in mühevoller Handarbeit gebaut worden.

Einst befuhren sie zu Hunderten die Hamme, die Wümme und Wörpe, wenn in den Herbstmonaten der im Frühjahr gestochene oder gebackene, im Sommer getrocknete Torf nach Bremen und weiter weserabwärts bis Brake und Rechtenfleth zum Verkauf gebracht wurde. ‚Jan von Moor' – Torfgräber, Torfschiffer und Torfhändler in einer Person. Und zu Haus, rund um die Moorkate, das Rauchhaus herum, beackerten Frau und Kinder das kleine, dem tauben Moor mühsam abgerungene Stück Feldland, versorgten Schafe und Ziegen, eine oder zwei Kühe, sofern das Grasland dafür ausreichte; an Pferde war gar nicht zu denken.

Luftig aufgesetzte Torfhaufen auf mageren Wiesenstücken neben den schwarzen Torfbänken — ein charakteristisches Bild für das Teufelsmoor, als die schwarzen und braunen Soden noch begehrtes Brennmaterial waren.

Mit dem Torfschiff wurde auch Sand von der Geest geholt, wurde das Heu von den Wiesen eingefahren. Das Torfschiff brachte die Moorbauern zur Kirche; an der Befestigungsmauer auf der Kirchwarft im Sankt Jürgensland hängen noch heute die eisernen Ringe zum Festmachen der Schiffe. Der Torfkahn brachte den Arzt ins Haus und die Kinder zur Schule, wenn in den Herbst- und Wintermonaten die Hammewiesen unter Wasser standen. Im mit schwarzen Tüchern ausgekleideten „Totenschiff" hat so mancher Moorbewohner seine allerletze Fahrt gemacht. Daß in abgelegenen Moorteilen noch um die Jahrhundertwende Torfschiffe die einzigen Verkehrsmittel waren, gestakt mit dem langen Schieberuder, von den Frauen am Hanfseil auf dem Damm getreidelt, ist mir heute kaum vorstellbar. Eine alte Worpswederin erinnert sich, daß sie als Kinder am Hammeufer warteten, wenn die Torfschiffe, bei günstigem Wind mit aufgesetztem Segel, flußabwärts oder — aufwärts kamen. „Hej, Jan! Lat us'n Stück mitfohrn, Jan!" Und Jan von Moor, gutmütig, kinderlieb, schob den Kahn an die Uferkante, schmunzelnd über sein kneterfaltiges, vom Torfstaub geschwärztes Gesicht...

Diese alte Dielentür hat heute ausgedient. Sie wurde so groß bemessen, daß ein vollbeladener Heu- oder Getreidewagen (bei fortgezogenen Türschwellen) auf die Lehmdiele hinauffahren konnte.

Beim Schreiben ist es spät geworden. Vor dem halboffenen Fenster rauscht der Regen durch frischbelaubte Baumkronen, ein richtig eintöniger, selbstzufriedener Landregen, den kein Windstoß durcheinanderbringt; einen besseren kann man sich gar nicht wünschen. Vorhin war ich noch einen Augenblick draußen. Durch den Lichtschein der Straßenlampen tapste verdrossen ein großer schwarzer Hund, mit hängendem Kopf und eingezogenem Schwanz. Geh nach Haus, Moritz. Holst dir nur einen Schnupfen bei dieser Nässe. Aber im Frühling da treibt's eben manchen umher und wenn es ein steinalter Köter ist.

Auch dieses (zweite) von Bernhard Hoetger am Südhang des Weyerberges errichtete Wohnhaus erweckt durch die eigenwilligen Formen, seine riesige Dachfläche, die schweren Holzkonstruktionen außen und innen die Bewunderung der Besucher.

Wo sich heute Getreide- und Rübenfelder ausbreiten, waren früher Heideflächen und Kiefernbestände. Nadel- und Laubgehölze umrahmen die offene Hochfläche des Weyerberges.

Worpswede, Sonntag den 16. Mai

Wenn aber kommt der dritte Tag, dann muß ich fort von hier... Was bitte tut man mit solch einem letzten Tag? Was von all dem, das man sich für drei Tage vorgenommen hatte und bislang doch nicht schaffte? – Früh war ich aufgestanden, ungewöhnlich früh für meine Verhältnisse. Im Hause war es noch still. Nur in der Küche grummelte schon jemand herum, das Frühstück vorbereiten.
Und vor der Haustür empfing mich ein wahrhaft überraschend frischer neuer Morgen. Nachwinterlich kalter Wind beutelte junge Birken mit noch ganz schmächtigen Stämmchen, silbrig flimmerndem Laub. In zahllosen Regenpfützen spiegelte sich blankes, glasklares Licht, das nur bei jedem der raschen Wolkenzüge für Augenblicke ein wenig blind wurde. Kurz entschlossen ging ich zum Berg hinauf.

Stroh- und Reithdächer erfordern von Zeit zu Zeit Ausbesserung oder Erneuerung.

Am Birkenwäldchen oben packte mich der Wind mit solcher Kraft, daß ich mich gegenanstemmen mußte. Ungehindert kam er aus der Niederung herauf und trieb dabei ständig neue Wolkenmassen vor sich her. Türkisfarbener Himmel. Eiskalte Sonne. Wolkenschatten, rasch wechselnd, glitten unaufhörlich über glattgestrichenes junges Grün vor mir am Hang und in das gewaltige Rauschen und Brausen hinter meinem Rücken. Ich war ganz allein.
Wann immer ich an Worpswede und den Weyerberg zurückdenke, wird mir dieser frühe Sonntagmorgen – war es eine Stunde? waren es nur Minuten? – vor Augen sein: die Landschaft, reingewaschen vom Regen der Nacht und blankgefegt, so weit ausgebreitet zu meinen Füßen, wie es sich gar nicht denken läßt, offen daliegend wie eine riesige flache, nur an den Rändern leicht aufgewölbte Schale. Jede einzelne von tausend und viel mehr Einzelheiten, jeder Baum, jeder Weidezaun, jeder Dachziegel auf dem roten Haus in der Nähe, die Milchkühe und das Jungvieh auf den Flußweiden, der Radarturm auf der hohen Geest, zwölf Kilometer weit entfernt – haarscharf begrenzt das eine wie das andere, mit der Kaltnadel des Radierers herausgestochen. Und in jedem Augenblick setzen Licht und Schatten in ihrem unruhigen Fließen

Frühjahrsbestellung auf eigenem Garten- und Feldland. Hier werden Spätkartoffeln gepflanzt.

neue Akzente, indem sie das eine betonen, das andere gleich daneben dämpfen. Jetzt leuchten die weißen Flügel der Windmühle drunten auf, als habe sie ein Scheinwerferstrahl getroffen, gleich darauf verblassen sie wieder und eine Schutzhütte für das Vieh, schwärzliches Strohdach und grünbemoost, die ich bislang noch gar nicht bemerkte, tritt deutlich hervor. Ein Wort Manfred Hausmanns fiel mir ein: Landschaft? Nein, Lichtschaft sollte man sagen.

„Wischen" werden diese Feuchtwiesen genannt. Hier wird Vergangenheit deutlich: aus in Jahrtausenden von den Rändern her vertorfenden Seen sind große Teile dieser Landschaft entstanden.

Durchs Moor wollte ich wandern, Verlüßmoor oder Giehler Moor bei Vollersode, nicht gar so weit voneinander, aber mehr als zehn Kilometer von Worpswede entfernt. Restmoore sind beide, den Geestrandbauern zur eigenen Nutzung überlassen, als Kurhannover die großen Hochmoore zwischen Hamme und Wümme für die Neuansiedler vermessen ließ. Vereinzelt wird hier wie auch weiter nördlich im Augustendorfer Moor noch Torf gegraben, ist noch ein kleines Stück altes Teufelsmoor geblieben, Abglanz von einer Wirklichkeit, die weithin längst von Wiesen, Weiden und Äckern verdrängt, überdeckt worden ist. Damals, vor nunmehr dreißig Jahren, brauchte man noch nicht so weit zu fahren, um ins Moor zu kommen.

Die helle Tönung der Soden macht deutlich, daß es sich um Torf der obersten Schicht, den „Weiß- oder Streutorf" handelt. Braun gefärbt ist der „Bäckertorf", der in der Stadt die Backöfen heizte; die größte Hitze lieferten Soden aus der ganz tiefliegenden Schicht: der Backtorf.

Bergedorf, ein Moorbauernhof neben dem andern, aufgereiht an schnurgeradem Fahrdamm mit dem Schiffgraben daneben, ist durch die Dohnhorst und den Bergedorfer Utdamm vom Dorfrand Worpswedes in wenig mehr als einer halben Stunde zu Fuß zu erreichen. Die heutige Asphaltstraße, beiderseits mit alten Birken bestanden — sinnigerweise wurden jüngst Rhododendren dazwischen gepflanzt — war noch ein breiter Sandweg, von dem aus schmale, im Sommer grasüberwachsene Pfade an den Abflußgräben entlang ins Bergedorfer Moor hineinführten. Weißleuchtendes Wollgras vor tiefschwarzen hohen Torfbänken, blinkende Wasserspiegel in den Torfkuhlen, zwischen braunroten Heideflächen eingezäunte Wiesen und Weiden mit dem scharfen Grün ihrer Sauergräser. Auf hochgelegenen abgetrockneten Stücken reihenweise ausgelegte Torfsoden, zu kleinen Haufen luftig geringelt, zu großen, kantig glatt und dachförmig abgeplatteten Haufen aufgepackt. Weithin verstreut Birken, auf Sandlinsen angesiedelte einzelne Kiefern, an den Grabenrändern langstieliges gelbverdorrtes Pfeifengras. Rosmarinheide mit ihren zartlila Blüten, Kriechweiden und Gagelstrauch, hierzulande Porst genannt.

Dieses Foto erinnert an Bilder des Landschafters Hans am Ende: eine Reihe stämmiger Birken an der Zuwegung zu einem Gehöft.

Hier im Bergedorfer Moor, am Grabenrand vor einem Steg aus dicken halbverwitterten Eichenbohlen, hatte ich damals meine erste und einzige Begegnung mit einem „richtigen Maler" – Kunstmaler, sollte ich wohl sagen. Seinen VW-Bus neuesten Datums – vielleicht ein wenig ungewöhnlich für einen Worpsweder Maler, meines Wissens mußten sich die meisten mit einem Fahrrad älteren Datums begnügen, wenn sie ins Moor hinauswollten – hatte er ein Stück weiterhin auf festem Grund geparkt.

Angetan mit Leinenkittel und schwarzer Baskenmütze stand er vor seiner Staffelei und schmökte beim Malen seine im Mundwinkel hängende krumme Pfeife. Daß ich ihm über die Schulter sah, störte ihn nicht im geringsten; von andern Malern weiß ich, daß sie es auf den Tod nicht vertragen können; solcher Zudringlichkeiten wegen war Udo Peters imstande, seinen ganzen Kram kurzerhand einzupacken, ein just angefangenes Bild aufzugeben. Nein, wir kamen, während er fleißig weiterpinselte, sogar ins Gespräch miteinander. Käme aus Bremen, betrachte sich aber als Worpsweder Maler. Sei grade dabei, am Berg eine eigene Galerie aufzumachen. Landschaftsmaler.

Schneebedeckte Strohdachhäuser unter dem Filigran kahler Baumkronen waren schon für die Worpsweder Maler der ersten Generation beliebte Motive in der Landschaft des Teufelsmoores.

Wenn es mich interessiere — in seinem Bus habe er eine ganze Reihe recht ansprechender Bilder. Moor und Heide, sehr gefragt heutigentags, vor allem auf dem flachen Land, bei den Bauern. Zu annehmbaren Preisen, versteht sich ... Einstweilen interessierte mich, was er in diesem Augenblick auf seiner Leinewand zuwege brachte. Und das war allerdings erstaunlich. Der Maler hatte den Moorgraben, den Steg drüberhin und eine Birke seitlich davon ganz manierlich ins Öl gesetzt, sehr natürlich, würde ich meinen. Vielleicht ein bißchen düster angesichts des doch ungewöhnlich leuchtenden Vormittags. Fehlte nur noch der Himmel. Und für diesen wählte er nun ein ganz tiefes, sogar noch mit etlichem Schwarz abgedunkeltes Blau, was mich völlig verwirrte. Erst nachdem er einen Mond hineingetüpfelt hatte, ja, da paßte natürlich alles haargenau zusammen, von Anfang bis Schluß. Fertig. Er wischte den Borstenpinsel im Terpentinlappen ab. Mondlandschaft, wissen Sie. Immer sehr gefragt. — Ja, nun wußte ich bescheid, o holde Kunst...

Etliche hundert Zuschauer säumen die Straßen in Worpswede, durch die der Erntefestzug kommt.

An diesem Nachmittag war ich in zwei Worpsweder Galerien. Stand lange vor einer Herbstlandschaft Modersohns, vor Mackensens „Trauernder Familie", sah Hans am Endes „Weites Land" und Fritz Overbecks „Stürmischer Tag". Da war mir wieder wohl. Und als ich dann spätabends noch einmal aus dem Dorf hinausging, da hing über der Nebelschicht in den Wiesen ein riesig großer dunkelroter Mond. Einfach gekonnt. –

Der Hochzeitsbitter, der in früheren Jahren im Auftrag der Brauteltern die Hochzeitsgäste einlud. – In einigen Moordörfern ist dieser alte Brauch heute noch lebendig.

Die ältere weißhaarige Dame ist abgereist. Ich fragte mich, was Worpswede-Besucher dazu treibt, wieder und wieder zu kommen. Nein, mit „Nostalgie" ist das nicht abzutun. Könnte es diese ganz eigenartige, möglicherweise sogar einmalige Verbindung von „Natur" und „Kunst" sein, die hier so anziehend wirkt, fortdauernd trotz aller Veränderung in diesem wie in jenem? Und sollte es das sein — was ist damit wirklich gesagt? Welcher Art ist die Kraft, die von den Bildern dieser „Alten" immer noch auszugehen scheint? Und was andererseits hat es auf sich mit dem von einem Dichter beschworenen, aber letztendlich doch nicht erklärten „Geheimnis" dieser Worpsweder Landschaft?

Der alte Moorfluß „Hamme" ist seit Jahrzehnten ein begradigter und durch Steinböschungen gesicherter Wasserlauf, für die Schiffahrt vertieft.

Wie es so geht, wenn man noch vieles will und gar nicht weiß, wo man anfangen soll: ins Giehler Moor bin ich nicht mehr gekommen. Nächstes Mal, im Herbst, wenn die Birken lauter reines Gold auf den Moorboden werfen. Ich war auf dem Barkenhoff, versuchte, Vogeler ein wenig in mir lebendig werden zu lassen, und ärgerte mich, daß es nicht gelang. Ging unter vielen Sonntagsbesuchern über die Markusheide — Lönsheide nennen wir das hier! erklärte jemand jüngeren Menschen, und das war mir neu —, stiefelte durchs Wäldchen bergauf-bergab am Osthang, beguckte über den Drahtzaun hinweg die „Käseglocke" — damals hatte mir ihr Besitzer zwei Demark für ein Foto derselben abgeknöpft, weil ich verbotenermaßen seinen Privatweg beschritten hatte — ging durch lauter grünes Licht die vom Blätterdach mächtiger Linden beiderseits überschattete Allee hinauf, kam zum Schmidtberg und zur Heidwende — ganz im Kiefernwald versteckt viele weißgetünchte ansehnliche Häuser — und landete, innerlich unruhig, in Gedanken war ich längst im Auto unterwegs, vor dem Café Worpswede; Bremer sagen: „Café Verrückt".

Ein altes, schon etwas baufälliges Bauernhaus hatte der Maler, Graphiker und Architekt Heinrich Vogeler in mehreren Bauabschnitten in diesen behaglichen Wohnsitz umwandeln lassen. Das von ihm angepflanzte Birkenwäldchen gab ihm seinen Namen.

Ich fand das ganz normal. Den Kuchen sogar ausgezeichnet. Und daß mein kleiner Tisch in der Kaminecke grad frei wurde — wohltuend das Feuerchen an diesem windig-kalten Tag — besonderes Glück.

Einer der noch erhaltenen Moorseen, der Huvenhoops-See bei Augustendorf. Er wächst von den Rändern her langsam zu.

Worpswede... da blieb es nun hinter mir zurück, nachdem das Auto sich mit Ächzen und Stöhnen durch die verdammt engen Dorfstraßen, verflucht und zugenäht, hindurchgewuselt hatte und dann die breit ausgebaute Schnellstraße via Hüttenbusch-Karlshöfen unter die Reifen bekam. Im Rückspiegel der bewaldete Berghang, eine blaugrau schimmernde Wand; die höchsten Kiefernkronen säumt ein gelbroter Schein. Rechts Bergedorf: Birkenstämme vor tiefroten Hauswänden, von innen heraus glühend, als hätten sie die Sonnenwärme eines langen Tages in sich aufgesogen. Vorbei.

Deiche hat der Unterlauf der Wümme. Das tiefliegende Marschland im Bereich der täglichen Tiden ist durch Sturmfluten gefährdet.

Einmal, zwischen Neu Sankt Jürgen und Hüttenbusch, mußte ich anhalten. Ein Fräulein winkt mir am Straßenrand. Strickjacke über blauweißem Sommerkleid, ein bißchen leichtfertig vielleicht in der Abendkühle; in einer Hand eine Reisetasche, in der anderen den Staubmantel; keckes Näschen, eine Haarsträhne hängt ins Gesicht... Das Fräulein kommt mir bekannt vor. — Fahren Sie zufällig bis Ostersode? — Zufällig? Nein. — Oder noch weiter? — Viel weiter. — Wie weit, bitte, fahren Sie? — Mit Ihnen, mein Fräulein, bis ans Ende der Welt.

Abendhimmel über dem „Breiten Wasser"

Die in den Text aufgenommenen kurzen Zitate beziehen sich auf

S. 32 Evangelisches Kirchengesangbuch
S. 44 Heinrich Vogeler, Erinnerungen
S. 56 Altes Kinderlied
S. 68 Arnim und Brentano, Des Knaben Wunderhorn
S. 72 Manfred Hausmann, Geheimnis einer Landschaft

Außer den namentlich genannten sind alle in der Erzählung auftretenden Personen frei erfunden. Jede Ähnlichkeit mit Lebenden oder Toten wäre rein zufällig und wurde vom Autor keineswegs beabsichtigt.

Die Autoren

Horst Wöbbeking, 1938 in Bremen geboren, lebt als selbständiger Fotograf und Lichtbildner in Worpswede. Er war Schüler von Hans Saebens, konzentrierte sich jedoch frühzeitig auf die Farbfotografie, unter besonderer Hinwendung zur Landschaft. Wöbbeking schuf mehrere Bildbände und großformatige Kalender, u. a. „Landschaft Worpswede", „Wasser, Wind & Wolken", „Schleswig-Holstein", „Sylt".

Fritz Westphal, 1921 in Sankt Magnus / Bremen geboren, veröffentlichte neben seiner Lehrtätigkeit in Hamburg zahlreiche Erzählungen, Kinder- und Jugendbücher, lebt seit 1978 auf seiner Moorwiese am Rande Worpswedes, ist als Lektor tätig und schrieb dort u. a. Texte zu „Jan von Moor" und den Roman „Philemons Haus".